AF522870

STEFFEN KAUL

KREUZNACHER ZEITENSPRÜNGE

STADTGESCHICHTE IN BILDERN II

Danksagung

Ich bedanke mich bei allen, die zum Gelingen des Buches mit Fotos, Texten und Informationen beigetragen haben:

Uschi Feßner, Hans-Ernst Gerharz, Michael Geyl, Margot Gräff, Rudolf Hornberger, Gerhard Kind, Willi Könemann †, Grit Kongel, Jürgen Krömer, Stefan Kühlen, Anna Loos, Matthias Luhn †, Gernot Meyer-Grönhof, Achim May, Stefan Petry, Karl Roos †, Hans-Georg Sawatzki, Elfriede Schäfer, Herbert Scheick, Klaus Schmelzeisen, Martin Senner, Hans-Peter Setton, Klaus Soukop, Klaus Valerius, Günter Weinand, Hermann Wolf †, Marita Peil, Dirk Jodeleit

ISBN: 978-3-945676-31-8
1. Auflage 2017

Literaturverzeichnis

Trinkwasser für Bad Kreuznach, Städtische Betriebs- und Verkehrsgesellschaft mbH Bad Kreuznach, 1989

Marita Peil, Im Wandel der Zeit, Computus Druck Satz & Verlag, 2011

Den Kreuznachern ging frühzeitig ein Licht auf, Städtische Betriebs- und Verkehrsgesellschaft mbH Bad Kreuznach, 1956

Zehn Jahre Konversion in Bad Kreuznach, BKEG, 2016

Edith Ruser und Herbert Dellwing, Denkmaltopographie Bundesrepublik Deutschland, Kulturdenkmäler in Rheinland-Pfalz, Kreis Bad Kreuznach 5.1, Stadt Bad Kreuznach, Schwann Düsseldorf, 1987

Adressbücher der Stadt 1891, 1912, 1927, 1943, 1950, 1953 und 1959

Wolfgang Reiniger, Stadt- und Ortsansichten des Kreises Bad Kreuznach 1523-1899, 1990

150 Jahre Heilbad Bad Kreuznach, Städtisches Kur- und Verkehrsamt Bad Kreuznach – Kurverwaltung, Dr. Werner Küstermann, 1967

STEFFEN KAUL

KREUZNACHER ZEITENSPRÜNGE

STADTGESCHICHTE IN BILDERN II

Herzlich Willkommen in Bad Kreuznach

Stadtentwicklung in Bildern – mein Buch „Kreuznacher Zeitensprünge“ dokumentierte 2015 die Veränderungen in Bad Kreuznach während der vergangenen 100 Jahre. Doch mein Fotoarchiv ist längst nicht erschöpft, und dank einer Reihe von Nachlässen engagierter Bad Kreuznacher Fotografen ergaben sich immer neue Motive und Möglichkeiten, die Entwicklung der Stadt zu beobachten und darzustellen.

Der erste Band stieß auf so großes Interesse, dass ich erneut versucht habe, Kreuznach und seine Gässchen, Plätze und Straßenzüge zu rekonstruieren. Hier liegen sie also vor Ihnen, die „Kreuznacher Zeitensprünge II“.

In Fotoserien springen wir wieder durch die Jahrzehnte bis zum heutigen Erscheinungsbild der Stadt. Welche Spuren haben Kriege und Stadtplaner hinterlassen? Wie haben Naturkatastrophen oder wirtschaftliche Zwänge die Stadt geprägt?

Ich lade Sie ein, mit mir zurückzureisen in eine Zeit, die Sie vielleicht selbst nicht mehr erlebt haben. Was ich bei meiner Beschäftigung mit den historischen Aufnahmen immer wieder beobachten kann: Bei einigen Schönheitsoperationen entsprechen an vielen Stellen die Ergebnisse nicht unbedingt dem gängigen Geschmack ...

Ich möchte mich bei allen Fotografen und Leihgebern bedanken, bei Sandra Ess für die gute Zusammenarbeit bei der Herstellung des Buches – und vor allem bedanke ich mich bei meiner Lebensgefährtin Michaela Nolting für die unermüdliche Unterstützung bei der Arbeit für dieses Buch.

Viel Spaß beim „Mitspringen“ durch die Geschichte Bad Kreuznachs.

Ihr
Steffen Kaul

Blickwinkel

Mühlweg

Die Häuser Mühlweg 16, 17 und 18. Sie wurden um die Jahrhundertwende erbaut ...

2017 – ... und strahlen heute noch in buntem Glanz.

Mühlweg 16

Vor dem Haus Mühlweg 16 wird die Bewohnerin Karoline Schuck fotografiert.

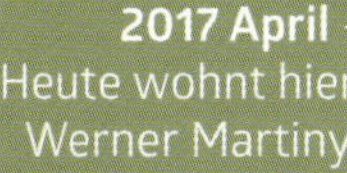
2017 April – Heute wohnt hier Werner Martiny.

Ellerbachwehr am Mühlweg

1910 – Das Wehr am Ellerbach stammt aus dem Mittelalter. Rechts sieht man den Gerberkanal, der durch die Gerbergasse in Richtung Magister-Faust-Gasse und am Fischertor zurück zum Ellerbach führt.

Juli – Das mittelalterliche Wehr wird zugeschüttet, um eine Fischtreppe zu bauen.

Mai 2017 – Die neue Fischtreppe.

Kindergarten Dessauer Straße

1983

Der städtische Kindergarten Dessauer Straße 11 kurz vor dem Abriss.

2017 – Heute steht hier ein moderner Wohnblock.

50 Jahre später …

Der gleiche Ort und die gleichen Kinder 52 Jahre später.

1965 – Kinder des Kindergartens Dessauer Straße bei einem Ausflug in der Kurhausstraße, Michaela Nolting mit ihrem Kindergartenkameraden Jonny Klotzsche.

Diskothek Romantik

1967 – Das Haus Dessauer Straße 15. Hier hatte der Fabrikant Karl Kimnoch seinen Betrieb Ackvas Mühle.

Mai 1985 – Nach dem Abriss der alten Gerbereien wurde 1984 die Van-Recum-Straße als Weg für die Rettungsdienste (z. B. Feuerwehr) in die Gassen der Neustadt hineingebaut. Nun wurden Wohnhäuser in der Straße errichtet. Das Foto zeigt die Bebauung der Ecke Dessauer Straße/ Van-Recum-Straße.

1980 – Betrieb der Familie Bieser, hier die Diskothek Romantik.

2017 – Ecke Dessauer Straße/Van-Recum-Straße heute.

Blick in die Dessauer Straße in Richtung Holzmarkt.

2017 – So sieht es hier heute aus.

2017 – Die gleiche Ansicht. Heute befindet sich hier die Van-Recum-Straße.

1980 – Blick aus dem Innenhof der Fa. Kimnach in Richtung Dessauer Straße.

Um 1920 – Ende des 19. Jahrhunderts befand sich hier noch die Kolonialwarenhandlung von E. Müller. Bereits 1912 war hier die Tapeten-, Teppiche- und Möbelhandlung von Carl Phillip Müller untergebracht.

Anfang der 1920er Jahre kaufte Karl Krummenauer das Haus. Der Schneidermeister handelte erst mit Tuch- und Wäscheartikeln, richtete hier aber später ein Automobil-, Motorrad- und Fahrradgeschäft ein.

2017 – Der Friseurmeister Hans Zimmermann kaufte das Gebäude 1990. Seit 1970 hatte er seinen Salon zwei Häuser weiter oben. In diesem Haus befindet sich der Salon seit 1994.

Mannheimer Straße 8

Mitte der 1920er Jahre – Karl Krummenauer mit seinem Automobil vor seinem Geschäft.

April 2017 – Vor der Tür des Salons Zimmermann stehen Friseurmeister Hans Zimmermann, der sein Geschäft 46 Jahre lang führte, der Kunde Michael Winkler aus Hüffelsheim, Ellen Zimmermann, die Friseurinnen Marion Andres und Heike Weidmann, beide seit vielen Jahren im Salon tätig, sowie die Friseurmeisterin Alexandra Rieger, die seit Januar 2016 den Salon führt.

Sepdelen-Werke

1960er Jahre – In der Gerbergasse 24 gründete am 5.4.1911 der Apotheker Alexander Müller von der Löwenapotheke das Sepdelen-Werk. Sepdelen ist eine Mixtur aus Mineralien, die als Trinkkur bei Stoffwechselerkrankungen angeboten wurde. 1928 war das Gebäude in der Gerbergasse zu klein und Müller baute neu in der Bosenheimer Straße 218 (späteres Martini-Gebäude).

Mai 1988 – Das Haus verfällt zusehends.

Hustenpulver

für Pferde,
Rinder und Schweine.

Dreimal täglich einen gehäuften
Esslöffel voll zu geben.

Preis 1 Mark.

Löwen-Apotheke, Alex Müller
English Dispensary — Pharmacie française
Bad Kreuznach.
Telefon 287.

Alexander Müller wurde mehrfach wegen irreführender Arzneimittelwerbung angezeigt.

Die Familie Sturm kauft das verfallene Gebäude und renoviert es.

2017 – Heute dient es als Wohnhaus.

Worschtkessel

Die Gaststätte „Zum Worschtkessel“ von Wilhelm Doll, des bekannten Kreuznacher Turnlehrers in der Gerbergasse 2.

1977 – Das Gebäude dient nur noch als Wohnhaus und verfällt zusehends, daneben die Gaststätte „Gerberklause“ in der Gerbergasse 12.

April 1989 – Die Gerberklause ist bereits abgerissen, der 1689 erbaute „Wortschtkessel" steht leer ...

Februar 2017 – Die GEWOBAU plant, hier ein Wohnhaus zu errichten.

21.12.1993 – Das schwere Hochwasser richtet weitere Schäden am Keller und Fundament des „Worschtkessels" an. Auf dem Foto sind die Feuerwehrmänner Rainer Baars und Gerd Hans vom 2. Löschzug zu sehen, die die überflutete Gerbergasse inspizieren.

März 2004 – Das Gebäude ist abgerissen.

Gasthaus zur Stadt Worms

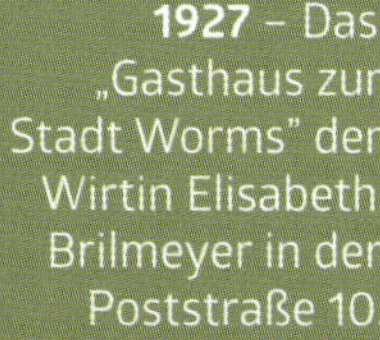

1927 – Das „Gasthaus zur Stadt Worms" der Wirtin Elisabeth Brilmeyer in der Poststraße 10.

1940

Die Gaststätte von Gertrude Neumann.

2017 – In den 1970er Jahren wurden die Häuser Poststraße/Ecke Milchgässchen abgerissen, später wurde etwas zurückgesetzt ein neues Wohnhaus errichtet.

1970er Jahre – Das Gelände Poststraße/Ecke Milchgässchen wird als Parkplatz genutzt.

2017 – Die gleiche Ansicht heute.

Schuhgasse 17

In dem 1842 erbauten Haus befindet sich der Herrenfriseur Karl Weis.

Nach den Löscharbeiten schien das Haus nicht mehr zu retten.

August 2003 – Das Haus wurde durch ein Großfeuer eigentlich zerstört.

Herbst 2003 – Der Hausbesitzer Alex Jacob lässt die Ruine entkernen, die Fassade bleibt erhalten.

2017 – Heute erstrahlt das Haus in neuem Glanz.

Jahnhalle

1980 – Später wurde die Hallendecke abgehängt, um Heizkosten zu sparen. Die Aufnahme entstand während eines Ringerwettkampfes. Links an der Wand erkennt man die Ehrentafel mit den Namen der im 1. Weltkrieg gefallenen Vereinsmitglieder, die der Kreuznacher Bildhauer Arthur Zimmer geschaffen hatte.

Innenansicht der neu gebauten Jahnhalle. Vom oberen Fenster blickt die Büste von Turnvater Jahn auf die Sportler.

1899

Die Gedenktafel für die im 1. Weltkrieg gefallenen Vereinsmitglieder nach ihrer Fertigstellung. 1982 wurde die Halle abgerissen. Dank des engagierten Vereinsmitgliedes Rainer Oppelt wurde die Tafel gerettet und hinter der neuen Turnhalle in der Hochstraße im Boden eingelagert.

Februar 1998: Mitglieder des 2. Löschzuges der Freiwilligen Feuerwehr Bad Kreuznach besichtigen die im Boden liegenden Einzelteile des Kunstwerks und planen dessen Bergung. Auf dem Foto sind die Feuerwehrkameraden (v.l.) Dieter Drosse, Gerd Rudolf Hans und der Hausmeister Rainer Oppelt zu sehen.

19.3.1998 – In einer großangelegten Feuerwehrübung werden die einzelnen Elemente geborgen.

Der Steinmetz Norbert Kaszuba restaurierte die Tafel und ergänzte sie mit einem Gedenkstein für die Opfer des 2. Weltkriegs. Diese Arbeiten spendete er dem VfL.

1967

Die Jahnhalle vom Ellerbach aus gesehen.

Mai 1981 – Kurz vor dem Abriss gab das Silvester-hochwasser 1981/82 der verfallenen Halle noch den Rest.

Juli 1982 – Nach dem Abriss der Jahnhalle.

Juli – 1987 wurde hier eine neue Brücke installiert.

21.12.1993 – Das neue Wohnhaus im Burgfrieden und die Fußgängerbrücke werden überflutet.

Januar 2017 – Der gleiche Blick heute.

Bistro Käuzchen

Ca. 1900 – Nach dem Auszug von Landau wird hier die Pfungstädter Bierhalle unter dem Wirt Franz Mössinger eingerichtet.

Seit 1890 hatte Leopold Landau in der Mannheimer Straße 66 seine Modewaren- und Kurzwarenhandlung. 1900 zieht Landau mit seinem neuen Geschäft ins Haus Mannheimer Straße 40/Ecke Gerbergasse – dort ließ er einen Neubau mit Aufzug errichten.

1920er Jahre – Die Gaststätte wird von Otto Gosert übernommen, er nennt sie „Schwarzer Bock".

1980 – Der Schwarze Bock wird geschlossen. Die letzte Wirtin war Lilli Weidmann.

Das Haus wird saniert.

1987 – Im Haus befindet sich ein vegetarisches Restaurant.

Mai 2017 – Das Foto zeigt Gäste des Bistro Käuzchen.

Der Schwarze Bock noch mit Parkplätzen und Parkuhren vor dem Haus.

2017 – Die Mannheimer Straße ist seit 1988 Fußgängerzone. 1993 eröffnen die Eheleute Rita Rehm und Bernd H. Reichard hier das Bistro Käuzchen.

Musikhaus Eckard

Juni – In den 1940er Jahren zog der Musikdirektor Paul Eckardt in das Gebäude ein, in dem er später eine Musikalienhandlung einrichtete. Bei der Brückensprengung im März 1945 wurde das Haus beschädigt, war aber noch bewohnbar. Das Foto, das während der Abrissarbeiten der alten Nahebrücke entstand, zeigt das Haus im Hintergrund rechts.

1955

Um 1920 – Blick von der Nahebrücke in die Neustadt. In der Mannheimer Straße 65, das Gebäude rechts mit dem wunderschönen Erker, hat der Goldschmiedemeister Wilhelm Schmincke sein Geschäft.

1965 – Das Gebäude ist verfallen und steht leer. Nach dem Abriss wird hier ein moderner Wohnkomplex entstehen.

1980 – Die Mannheimer Straße ist noch keine Fußgängerzone. Links geht der Bad Kreuznacher Fotograf Wilfried Porcher.

Februar 2017 – Der gleiche Ausblick.

Nahebrücke

Die alte Nahebrücke wurde um 1300 von den Sponheimer Grafen erbaut, da die hölzernen Vorgängerbrücken immer wieder von Hochwasser und Eisgang zerstört wurden. Die achtbogige, steinerne, sehr stabil gebaute Brücke hielt nun all dies aus. Die Zeichnung von Carl Engelmann zeigt die Brücke im Jahre 1850.

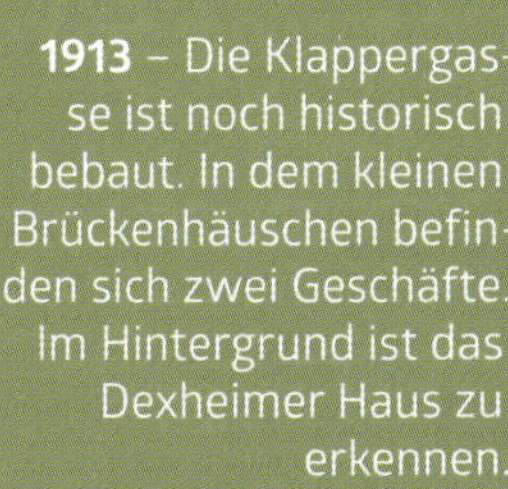

1913 – Die Klappergasse ist noch historisch bebaut. In dem kleinen Brückenhäuschen befinden sich zwei Geschäfte. Im Hintergrund ist das Dexheimer Haus zu erkennen.

16.1.1918 – Das schwere Hochwasser kann der Brücke nichts anhaben.

November 1955 – Die neue Spannbetonbrücke ist fertig, die alten Brückenpfeiler werden abgerissen.

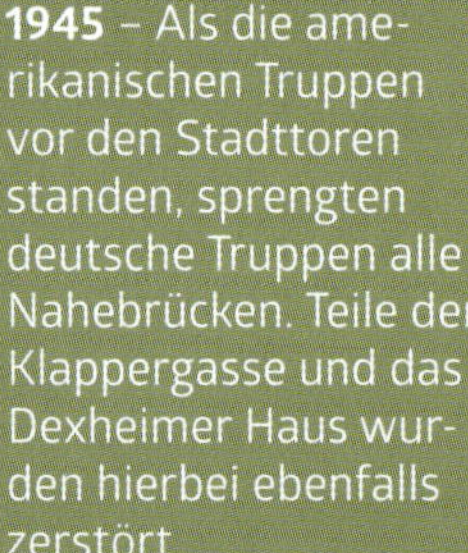

1945 – Als die amerikanischen Truppen vor den Stadttoren standen, sprengten deutsche Truppen alle Nahebrücken. Teile der Klappergasse und das Dexheimer Haus wurden hierbei ebenfalls zerstört.

Juni 1955 – Nachdem zehn Jahre lang eine Notbrücke die Nahe überspannte, beginnen nun die Abrissarbeiten und der Brückenneubau.

März – Bauarbeiten.

1959 – Die neue Brücke wurde 1956 eingeweiht.

Ein Spezialunternehmen stellt 2010 Schäden an der Spannbetonbrücke fest. **Mai 2015** – Mit der Sanierung der Brücke wurde 2014 begonnen. Zur Stabilisierung wird ein Pfeiler in die Mitte der Brücke gesetzt. Das Fundament für die Pfeiler wird vorbereitet.

13.5.2017 – Die Nahebrücke am Tag ihrer Eröffnungsfeier.

Pauluskirche

Die Wörthkirche (später Pauluskirche) wurde 1311 von den Grafen von Sponheim erbaut. Nach mehrfacher Zerstörung erhielt die Kirche 1771 ihr heutiges Aussehen. Das Foto zeigt die Renovierung des Kirchenschiffs.

März 2017 – Die gleiche Ansicht 131 Jahre später. Auf der Empore erkennt man die neue „Eule"-Orgel aus dem Jahr 2012.

Pauluskirche – Turmrenovierung

Fotografisch festgehalten sind hier Ansichten von drei Turmrenovierungen der Pauluskirche.

Der Turm der Pauluskirche wird renoviert. Das Foto zeigt den Bau des Turmgerüsts durch die Fa. Max Rehm.

Blick von der Ellerbach-mündungauf die Kirche.

Irmgard Kuhlmann fotografierte den eingerüsteten Turm von ihrem Café in der Mühlenstraße.

Das Gerüst ist fertig, Die Dachdecker der Fa. Max Rehm bei den Arbeiten am Kirchturm.

Eine erneute Turmreparatur erfolgte 1978, allerdings ohne Gerüst. Die Dachdecker und Maler wurden vom Turm abgeseilt und erledigten ihre Arbeit in nahezu artistischer Art und Weise. Der Pressefotograf Matthias Luhn kletterte hinauf und hielt das seltene Schauspiel in Bildern fest.

Ein Maler wird am Kirchturm abgeseilt.

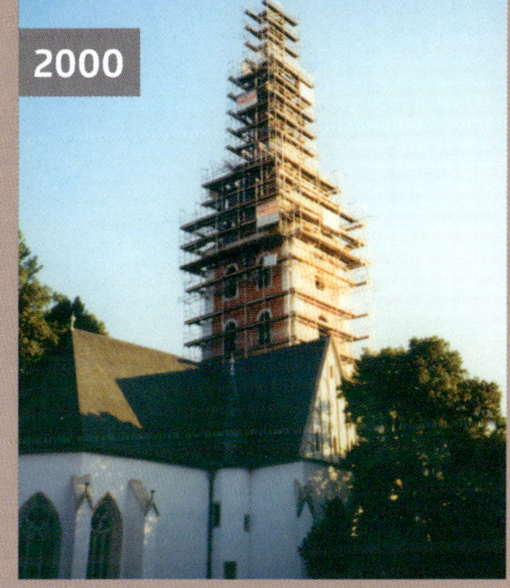

Im August 2000 wurde der Turm nach 68 Jahren erneut eingerüstet. Das Gerüst der Fa. Baldes war nahezu ein Kunstwerk.

August 2000 – Die Dachdecker arbeiten am Turm, Uwe Dahm (re.) und sein Kollege Friedhelm Volk.

Blick vom Turm der Pauluskirche in Richtung ...

Beim Gerüstbau 2000 kletterte ich (Steffen Kaul), Maler und Lackierer von Beruf, in Arbeitskleidung, bewaffnet mit Videokamera und Fotoapparat den Turm hinauf. Wohl aufgrund der Garderobe fragte mich niemand, was ich hier zu suchen hätte.

Auf der Turmspitze angekommen, verbrachte ich über zwei Stunden Zeit mit Filmen und Fotografieren in Richtung Kornmarkt, Pfingstwiese, Nahebrücke und Neustadt. Es waren wohl die schönsten zwei Stunden in meiner Zeit als Heimatforscher.

Die gleichen Ansichten wurden auch 1932 und von Matthias Luhn 1978 fotografiert. Eine kleine Auswahl der Bilder habe ich hier festgehalten.

... Neustadt

1932

2000

Blick vom Turm der Pauluskirche in Richtung …

Beim Gerüstbau 2000 kletterte ich (Steffen Kaul), Maler und Lackierer von Beruf, in Arbeitskleidung, bewaffnet mit Videokamera und Fotoapparat den Turm hinauf. Wohl aufgrund der Garderobe fragte mich niemand, was ich hier zu suchen hätte.

Auf der Turmspitze angekommen, verbrachte ich über zwei Stunden Zeit mit Filmen und Fotografieren in Richtung Kornmarkt, Pfingstwiese, Nahebrücke und Neustadt. Es waren wohl die schönsten zwei Stunden in meiner Zeit als Heimatforscher.

Die gleichen Ansichten wurden auch 1932 und von Matthias Luhn 1978 fotografiert. Eine kleine Auswahl der Bilder habe ich hier festgehalten.

… Neustadt

1932

2000

Eine erneute Turmreparatur erfolgte 1978, allerdings ohne Gerüst. Die Dachdecker und Maler wurden vom Turm abgeseilt und erledigten ihre Arbeit in nahezu artistischer Art und Weise. Der Pressefotograf Matthias Luhn kletterte hinauf und hielt das seltene Schauspiel in Bildern fest.

Ein Maler wird am Kirchturm abgeseilt.

Im August 2000 wurde der Turm nach 68 Jahren erneut eingerüstet. Das Gerüst der Fa. Baldes war nahezu ein Kunstwerk.

August 2000 – Die Dachdecker arbeiten am Turm, Uwe Dahm (re.) und sein Kollege Friedhelm Volk.

... Nahebrücke mit Klappergasse

1932

1978

2000

... Wilhelmsbrücke

1932

2000

... Schwanenapotheke

1932

2000

… Mühle Thress

1978

2000

… Kornmarkt

1932

2000

... Gymnasialstraße

1932

2000

... Bahnhof

1932

2000

Brückes

Um 1860 – Eine der ältesten Fotografien zeigt den Blick vom Martinsberg in die Stadt. Bei der linken Kirche handelt es sich um die Wilhelmskirche in der Rossstraße, hier noch mit Zwiebelturm, die 1862 abgebrannt ist und später in der heutigen Form wieder aufgebaut wurde. Im Vordergrund ist der Brückes zu erkennen.

1790 – Blick vom Martinsberg nach einem Kupferstich von J. Rieger. Die Kauzenburg ist zerstört, unten links erkennt man das Haus Sabel im Brückes.

vor 1920

Um 1920 – Die gleiche Ansicht der Stadt.

Um 1980 – Blick von der Schneider-Villa Ecke Stromberger Straße/ Brückes.

Februar 2017 – heute Haus Beisiegel, der gleiche Blick.

Brückes 29

Um 1940 – Im Jahr 1888 wurde das Haus im Brückes 29 für den Weinhändler Heinrich Stöck errichtet. Zur Zeit der Aufnahme wohnen hier der Posthelfer Karl Bechtoldt, der Kaufmann Helmut Kolb, der Werkstattleiter Johann Schäfer und der Werkmeister Ludwig Strauß.

1987 – Nun wohnen in dem Haus zehn Familien.

1999 – Es kommt zu einem verheerenden Großbrand, dem drei Menschen im Gebäude zum Opfer fallen.

Mai 2003 – Wir sehen das Innere des Gebäudes. Die Fassade kann doch nicht erhalten werden, man entscheidet sich für den Abriss.

Dezember – Das Haus wird eingerüstet und entkernt. Die Fassade soll erhalten bleiben.

2014 – Ein neues Wohnhaus wird errichtet.

März 2017 – Der Neubau.

Rossstraße

Um 1910 – Blick aus dem Haus Mühlenstraße 2, hier befand sich das Sanitätshaus Karl Ehle. Wir sehen das Tabak- und Cigarrenhaus von Karl Georg Weitz auf der Ecke Rossstraße/Mannheimer Straße.

Die Ecke Rossstraße/Mannheimer Straße. Das linke Gebäude, die Gaststätte zum Grünen Baum, steht heute noch. Das Haus mit dem Turm ist das Modehaus Emil Mayer, Mannheimer Straße 108, und wurde 1935 abgerissen, um den Bismarckplatz (Kornmarkt) zu erweitern.

1933

15.1.2017 – Blick in die Rossstraße.

1960 – Der gleiche Blick. Rechts am Bildrand ist Gregor Lang zu sehen, der vermutlich zur Arbeit in die Firma Farben Schira geht.

21.12.1993 – Blick in die Rossstraße bei Hochwasser.

Wilhelmstraße

Um 1860 – Wilhelmstraße mit Blick in Richtung Salinenstraße. Aufgrund der noch stehenden Stadtmauer gibt es keine Zufahrt zur Römerstraße. 1891 gehört das Haus einem Hermann Mock.

1918 – Wilhelmstraße 42 mit dem schönen Holzbalkon beim Rückzug der deutschen Truppen.

1967 – Das Haus Wilhelmstraße 42 wird abgerissen. Hier wird der Bourger Platz entstehen.

Bourger Platz – Nun werden die alten Häuser in der Leitergasse abgerissen, darunter die legendäre Diskothek PamPam, um das neue Gardinenhaus Mann zu errichten.

1979 – Bourger Platz mit dem Teppich- und Gardinenhaus Mann.

21.12.1993 – Der Bourger Platz wird aufgrund des Hochwassers überflutet.

Januar 2017 – Wilhelmstraße mit Bourger Platz.

1910 – Die Wilhelmstraße beim Umzug des Turnerfestes.

Um 1940 – Im linken Gebäude befindet sich das Inkassobüro Hartmann und Faubel.

Februar 2017 – Es hat sich einiges verändert.

1950er Jahre – Die Straße wird langsam zu eng für den anwachsenden Autoverkehr.

1960er Jahre – Die Straße wird verbreitert.

9.11.1963 – Feuerwehreinsatz in der Beinde. Hinter dem Tanklöschfahrzeug erkennt man die neue Bebauung der Wilhelmstraße.

2017 – Die gleiche Ansicht.

Links die Metzgerei Julius Kossmann, Wilhelmstraße 52, bei dem Turnerfestumzug.

1950er Jahre – Die gleiche Ansicht nach dem 2. Weltkrieg. Wir sehen die Metzgerei von Peter Michel in der Wilhelmstraße 56.

Januar 2017 – Die gleiche Ansicht heute.

1954 – Der erste Fastnachtsumzug nach dem Krieg. Im neu errichteten Gebäude befindet sich links mit der Hausnummer 56 die Gaststätte „Sportklause" von Adam Schmidt und rechts mit der Nummer 54 noch immer die Metzgerei von Peter Michel.

1970er Jahre – Das M-Hotel der Familie Müller in der Wilhelmstraße 54-56.

Um 1910 – Das Haus Wilhelmstraße 46/Ecke Römerstraße. Im Eingang steht Georg Schaust jun. Er betreibt hier einen Kolonialwaren-, Drogen- und Farbwarenhandel.
In den 50er und 60er Jahren befand sich hier die „Römer Drogerie".

Mai 2017 – Die Metzgerei Balzer in der Wilhelmstraße 46. Im Eingang stehen Metzgermeister Stefan Balzer, dessen Großvater August Balzer den Betrieb 1936 in der Wilhelmstraße 16 gründete, und seine Frau Angela. Erst Ende der 70er Jahre zog die Metzgerei in das Haus Wilhelmstraße 46.

Um 1930 – Blick in die Wilhelmstraße, links befindet sich die Tankstelle von Wilhelm Kiltz, Wilhelmstraße 66.

1946 – Ursula Schnepf mit ihrem Roller in der Wilhelmstraße. Ihr Vater hatte in dem Haus Nr. 35 ein Zentralheizungs- und Ofenbaugeschäft.

Die Wilhelmstraße mit Blick auf das Schuhhaus Wagner, Hausnummer 50.

Januar 2017 – Die gleiche Ansicht.

Central-Hotel

1632 – Auf dem Merianstich vom Angriff der Schweden ist die Stadtmauer gut zu erkennen. Hier führt heute die Wilhelmstraße entlang. Nach dem Abriss der Mauer um 1850 wurde der Mauergraben zugeschüttet, und es entstand eine Straße mit dem Namen „Der Graben". Die Bewohner dieser Straße nannten die Kreuznacher „Grabekriecher". Erst später wurde die Straße in Wilhelmstraße umbenannt. Hinter dem Judenturm ganz links befand sich das Judenviertel der Altstadt (heute Neuruppiner Platz). Der Stadtmauerwehrturm stand auf der Ecke Wilhelmstraße/Salinenstraße.

Nach dem Abbruch des Turms wurde hier um **1860** das Hotel-Restaurant Prinz-Friedrich-Karl erbaut. Das Gebäude in der Salinenstraße 2 wurde von Jean Graß betrieben.

Um 1906 wurde das alte Hotel abgerissen und von Architekt Hans Best das neue Central-Hotel geplant. Nach der Einrichtung wurde es von Ph. Rudolph betrieben.

Gut ausgestattete Fremden-Zimmer mit Balkons, Centralheizung u. elektrisch Licht **von 2 Mark an.** Bäder im Hause. —

Separate Speise-, Schreib-, und Gesellschafts-Zimmer, sowie Ausstellungszimmer für Geschäftsreisende.

Bürgerliches Bierlokal und — Garten-Restaurant. —

Fernsprecher No. 73

CENTRAL-HOTEL
Prinz Friedrich Karl

BAD KREUZNACH
Ecke Salinen- u. Wilhelmstrasse

Besitzer: Ph. Rudolph

1 Minute vom Bahnhofe
Centrale Geschäftslage und nahe dem Kurgarten
Modern o Bequem o Preiswert.

1920er Jahre – Das Central-Hotel hat immer noch den Beinamen Prinz-Friedrich-Karl. Es wird nun von H. Ledosquet geführt.

1930er Jahre – Die Straßenbahn muss hier einen großen Bogen machen, weil das Pfarrhaus der Kreuzkirche mitten auf der Straße steht.

Die schweren Bombenangriffe an Weihnachten **1944** und im Januar **1945** zerstörten das Stadtviertel um den Bahnhof fast komplett. Wie durch ein Wunder überlebte das schöne Hotel diese Katastrophe.

1977

Im Erdgeschoss betreibt André Beitner in den **1970er Jahren** die Kultdisco Big Ben. Doch die Tage des Prachtbaus sind gezählt. Die Kreuzung Salinenstraße/Wilhelmstraße muss zugunsten des Autoverkehrs erweitert werden.

11./12. Mai 1977 – In der Nacht werden Wilhelm- und Salinenstraße gesperrt und das Hotel in wenigen Stunden abgerissen. Die Autos können am nächsten Tag wieder fahren.

1980er Jahre – Eine hässliche Baulücke.

1990 – Ein neues Geschäftshaus wird errichtet. Der gläserne Turm soll an das alte Central-Hotel erinnern, die rote Sandsteinecke an der Fassade ist ein Pendant zur Kreuzkirche.

Gaswerk

1899 – Am 4.11.1857 beschloss man mit der Kölner Gasfabrik Gebr. Oster, in Bad Kreuznach eine Gasfabrik zu errichten. Das Foto zeigt die Mitarbeiter des Kreuznacher Gaswerks in der Mühlenstraße.

1933 – Die gleiche Ansicht, baulich hat sich einiges verändert.

1919 – Das erste Kraftfahrzeug des Gaswerks, ein 12 PS Lanz Bulldog.

1965

Blick auf das Gaswerk. Die Aufnahme wurde vom Dach des neuen Verwaltungsgebäudes der Städtischen Betriebe aus gemacht.

1956 – Im Hintergrund ist das Gebäude auf der Ecke Mühlenstraße/Alemannenstraße zu erkennen.

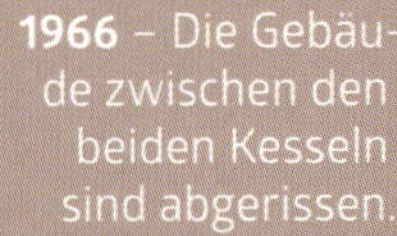

1966 – Die Gebäude zwischen den beiden Kesseln sind abgerissen.

11.11.1978 – Abschluss-übung der Freiwilligen Feuerwehr am Gaswerk.

Die Kessel des Gaswerks sind verschwunden.

Oktober – Das Gelände wird neu bebaut.

2017 – Neubau des Krankenhauses St. Marienwörth.

Kornmarkt

Um 1900 – Das Hotel Berliner Hof. 1897 wurde der Bismarckbrunnen eingeweiht und der Kornmarkt in Bismarckplatz umbenannt.

Blick auf den Kornmarkt in die Kirchgasse nach dem Brand der Wilhelmskirche **im Jahr 1862**. Das kleine Häuschen in der Mitte wurde **1894** abgerissen und durch einen Neubau ersetzt. Zeichnung von Sophie Nanny.

In dem Haus Nr. 6 befand sich von 1926 bis 1965 die Verwaltung der Städtischen Betriebe. Das Hotel Berliner Hof wurde von der Kreissparkasse übernommen und 1961 umgebaut.

2017 – Die alte Sparkasse wurde 1984 abgerissen und durch einen Neubau ersetzt.

Schauburg

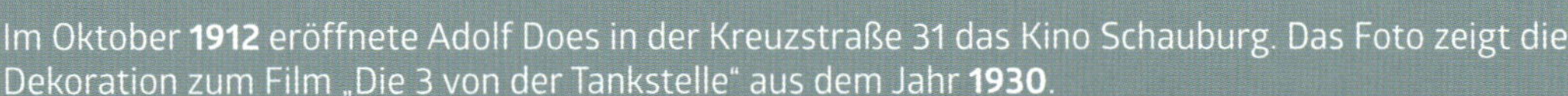
Im Oktober **1912** eröffnete Adolf Does in der Kreuzstraße 31 das Kino Schauburg. Das Foto zeigt die Dekoration zum Film „Die 3 von der Tankstelle" aus dem Jahr **1930**.

1950er Jahre – Es herrscht reger Kinobetrieb.

2002 – Der Trendshop schließt.

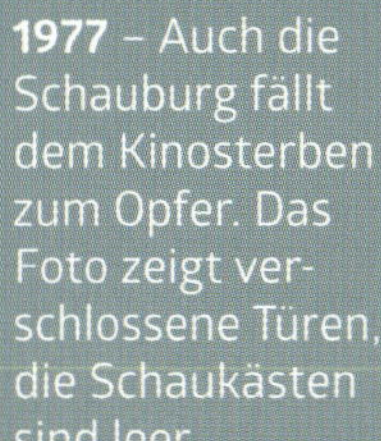

1977 – Auch die Schauburg fällt dem Kinosterben zum Opfer. Das Foto zeigt verschlossene Türen, die Schaukästen sind leer.

Juli 1984 – Das Nachbargebäude zwischen Trendshop und Römerpassage wurde abgerissen.

Dezember 1993 – Das Kino wurde zum Geschäftshaus umgebaut. Zuerst hatte hier die DM-Drogerie ihre Geschäftsräume, Mitte der 1980er Jahre befand sich hier der Geschenkartikelmarkt „Trendshop“. Auf dem Foto werden die Trendshop-Mitarbeiter bei schwerem Hochwasser vom THW gerettet.

Januar 2003 – Die Abrissarbeiten beginnen und werden zu einer Belastung für die umliegenden Geschäfte.

Dezember 2003 – Der Glaspalast ist fast fertig.

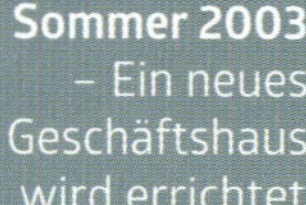

Sommer 2003 – Ein neues Geschäftshaus wird errichtet.

Mai 2017 – Das Geschäftshaus heute.

Kammerspiele

In Heyms Saalbau in der Kreuzstraße 63 wurde 1906 das erste Kino der Stadt eingerichtet.

16.1.1918 – Bei schwerem Hochwasser wird vom Balkon des Hauses die Kreuzstraße fotografiert.

1927 – Das Kino bekommt den Namen Kammer-Lichtspiele. Die Aufnahme stammt aus der französischen Besatzungszeit.

1950 – Auch die Kammerspiele wurden im 2. Weltkrieg schwer beschädigt. Nach den Reparaturarbeiten lief der Kinobetrieb wieder weiter, und 1954 wurde das neue Kinofoyer erbaut.

Zwischen Kino und Karl-Geib-Museum stand das Haus Kreuzstraße 67 der Familie Weiner. Hier war bis zum Schluss das FDP-Parteibüro untergebracht. Das Haus beherbergte einst das legendäre Hotel Malakow.

14.5.1967 – Am Pfingstsonntag bricht in einer Wohnung über dem Kino ein Feuer aus. Die laufende Kinovorstellung wird unterbrochen und das Kino geräumt. Küche und Wohnzimmer der Wohnung stehen in Flammen. Die Feuerwehr ist mit drei Tanklöschfahrzeugen, einer Drehleiter und 25 Mann im Einsatz. Der Schaden beträgt 8.000 Mark.

Juni – Das Haus wird abgerissen, es entsteht ein Parkplatz.

1991 – Der Kreuznacher Künstler Gernot Meyer-Grönhof schafft ein Gemälde mit Hollywooddarstellern, die den Eingangsbereich des Kinos auf einer Fläche von 21 Meter Länge und 2,44 Meter Höhe bereichern.

1993 und 1995 – Die beiden Hochwasser richten schweren Schaden am Kino an.

April 2001 – Während bereits 1995 im Bereich Gymnasialstraße neue Kinosäle angebaut wurden, wird nun ein neues Eingangsfoyer zur Kreuzstraße hin errichtet. Das Foto zeigt die Bauarbeiten.

November 2001 – Der Neubau mit einer großen Treppe ist fertiggestellt. Das alte Kinogebäude steht noch.

März 2015 – Das alte Kinofoyer und das Haus Kreuzstraße 63 wurden abgerissen.

Januar 2017 – Von dem alten Heyms Saalbau ist nichts mehr übrig, in der Kreuzstraße steht nun ein hochmodernes Kinocenter.

17.7.1912 – Karl Sawatzki fotografiert vom Dach des Hauses den Zeppelin „Viktoria Luise“ über Kreuznach. Neben Pauluskirche und Wilhelmskirche ist die Kauzenburg zu erkennen.

5.5.2017 – Fast 105 Jahre später entsteht dieses Foto aus der Penthousewohnung des neuen Kinogebäudes.

Modehaus Ziegler

Um 1910
– Das Restaurant Siegfried.

Um 1894 übernimmt der Gastronom Peter Siegfried die Gaststätte „Zum Goldenen Anker" in der Mannheimer Straße 146. Die Postkarte wurde im Januar 1903 abgestempelt.

Blick in die Mannheimer Straße während der französischen Besatzungszeit. Links ist das Gasthaus zu erkennen.

1925 – Adolf Ziegler eröffnete im April 1910 sein Herren- und Knabenbekleidungshaus in der Mannheimer Straße 157 gegenüber dem heutigen Kaufhof. 1925 erwirbt er den „Goldenen Anker" von Peter Siegfrieds Witwe und baut ihn zu einem Kaufhaus um. Der Architekt Hans Best plante den Umbau. Das Bild zeigt das Gebäude in neuem Glanz.

1930er Jahre – Blick in die Mannheimer Straße.

Mai 1960 – Das Haus Mannheimer Straße 146 überdauerte den 2. Weltkrieg. Da das Geschäft zu klein wird, beschließt man den Bau eines neuen Hauses. Während die Abbrucharbeiten des Eckhauses zur Hospitalgasse erst beginnen, hat man daneben bereits mit dem Neubau angefangen.

November 1960 – Das Gebäude ist fast fertiggestellt.

Sommer 1960 – Die Baulücke wird durch einen Neubau geschlossen.

Januar 2017 – Aufgrund der Ansiedlung großer Textilkonzerne in Kreuznach brach der Umsatz ein. Das Textilhaus Ziegler schloss am 1.3.1993. Heute befindet sich hier die Parfümerie Douglas.

Dezember 1979 – Werbung von Ziegler in der Allgemeinen Zeitung.

Minick-Kaserne

1925

Nach dem 1. Weltkrieg errichteten die Franzosen auf der Ecke Bosenheimer Straße/Alzeyer Straße eine Kaserne.

Januar 1972 – Die Kreuzung Bosenheimer Straße/Alzeyer Straße aus der Luft fotografiert von Hans-Peter Setton.

2007 – Nach dem Abriss der Minick-Kaserne, fotografiert von Gerhard Kind.

August 1972 – In den 1950er Jahren wurde von den amerikanischen Truppen im linken Gebäude die Feuerwache eingerichtet. Die Aufnahme ist von Matthias Luhn.

Die US-Feuerwache wurde Anfang der 1970er Jahre geschlossen.

Februar 2000 – Die gleiche Ecke fotografiert von Willi Könemann.

2001 – Nach dem Abriss wird mit dem Baugebiet als Sahnestückchen geworben.

2017 – Heute befindet sich hier ein Baumarkt.

Schloßstraße

um 1870

Die Schloßstraße ist noch nicht gepflastert. Links sehen wir das Haus Henke, Schloßstraße 3/ Ecke Kreuzstraße. Daneben steht auf der anderen Ecke das Badehaus und Hotel von Leonhard Reininger, Schloßstraße 5. Die mit dem Kreuz markierte Person ist der Arzt Louis Michels. 1833 bis 1882 wohnte er im Haus Schloßstraße 6.

2017 – Die gleiche Ansicht.

Um 1900 – Das Badehaus und Privathotel Reininger mit Blick in die Kreuzstraße.

2017 – Die gleiche Ansicht.

16.1.1918 – Das schwere Hochwasser in der Kreuzstraße mit Blick auf das Haus Schloßstraße 2.

1939 – Im Haus Schloßstraße 2 befand sich bereits 1927 der Dentist Franz Eymann. 1939 war es die Adolf-Hitler-Straße 2, hier hatte der Zahntechniker Oskar Eymann seine Praxis.

Dezember 1993 – Das Haus in der Schloßstraße 2 wurde 1972 durch einen hässlichen Neubau ersetzt, hier zu sehen beim Hochwasser.

2017 – Nach Abriss 2014 und Neubau befindet sich hier die Goldschmiede Schoebel.

Hospital

Um 1900 – Blick auf die Roseninsel. Die Felder im oberen Bereich sind nicht bebaut, man erkennt das Tannenwäldchen. Der Weg dorthin heißt heute noch so. Die Franziska-Puricelli-Straße existiert noch nicht. Die Schlucht auf der rechten Seite wurde einst in den Stein gemeißelt, um die Bahngleise von der Stadt in das Salinental zu bauen. Über sie führt die Teufelsbrücke. 1926 plante man, auf dem Feld dahinter eine Kinderheilanstalt zu bauen.

1926 – Der Entwurf der Architekten F. H. Becker aus Darmstadt und Th. Willkens aus Köln, vermittelt die Größe des Komplexes.

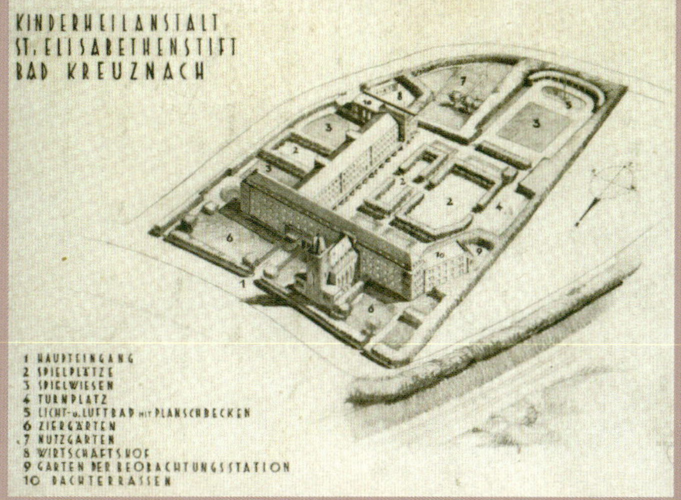

1927 – Die Bauarbeiten beginnen, man erkennt den Rohbau vom Innenhof aus.

1927 – Das Erholungsheim kurz nach der Einweihung.

Die Kinderheilanstalt St. Elisabethenstift ist fertiggestellt und hat ihren Betrieb aufgenommen.

2008 – Die Abbrucharbeiten beginnen.

Lazarettkirche

Ende der 1940er Jahre – Der Haupteingang mit der Lazarettkirche während der französischen Besatzung. 1951 übernahmen die Amerikaner das Hospital.

Dezember – Das Gebäude steht leer. Die Amerikaner gaben das Hospital 2001 an die Bundesrepublik Deutschland ab.

2008 – Beginn des Abrisses.

1927

Die Kirche
von innen.

Die Lazarettkirche kurz vor dem Abriss.

Sicht von oben

1960er Jahre – Auf der Postkarte ist im Vordergrund das Viktoriastift zu erkennen.